AF235472

1

Vorwort

Liebe Leserinnen und liebe Leser,

nach meiner Entgegen der Zeit – Reihe, der Anthologie des Lebens, möchte ich Sie nun neben den verfassten Reimen und Gedichten zu dieser Reise einladen.

Dies ist mein erster geschlossener Band, eine Erzählung welche ich Ihnen hiermit bereitstelle. Schon längere Zeit habe ich Gefallen daran gefunden, eine komplette Geschichte zu verfassen.

Diese Geschichte die das Alltagsgeschehen beschreibt, aber auch den Hauch vom Freisein besitzt und von unseren Träumen, die immer wieder die Zeilen anders beleuchten und so eine wohlfühlende Atmosphäre schaffen.

Ich wünsche Ihnen viel Freude mit diesem Band und eine gefühlvolle Reise.

Haben Sie eine gute und angenehme Zeit.

Herzliche Grüße

Christian Hofmann

Buch der Lebensträume

Prolog

Am Abend bilden die Sterne ihre
Sternenreihe, am Morgen geht die Sonne auf
und weckt uns mit ihren Strahlen. Jeder neue
Tag, erweckt in uns neue Träume.
Träume verleiten uns positive Energie, sie
lassen uns aufatmen und verbreiten wahre
Lebensfreude.
Sie geben uns auch Leichtigkeit vielleicht
gerade in schweren Zeiten, in Zeiten wo wir
Träume brauchen um Hoffnung und Licht zu
sehen.

Dies ist das Buch der Lebensträume um
genau zu sein, ist es auch das Buch deiner
Lebensträume.

In all deiner Zeit, haben dich Träume
begleitet und auch in dieser Zeit, sind neue
entstanden. Träume die dir Flügel wachsen
lassen, Träume die dich am Leben halten
und dich in andere Welten zaubern.

Erinnere dich wie es ist, wenn in dir ein
Traum entsteht, ob nur ein kleiner oder ein
riesig großer, das ist gar nicht von

Bedeutung. Von Bedeutung ist, was du dabei fühlst.

Hast du auch das Gefühl, als würdest du Schweben, als würde die Welt stillstehen und sich doch zugleich auch weiterdrehen. Spürst du die Energie und die Kraft, die in dir freigesetzt wird durch diesen Traum.

Träume sind vielleicht Illusionen in der Realität, aber Träume in dir, sie leben, sie sind vorhanden, wenn auch in einer anderen Form. Lass dir niemals deine Träume zerreden oder zerstören, denn was du im Innern besitzt, es gehört einzig und allein nur dir. Niemand kann davon Besitz ergreifen.

Buch der Lebensträume

Zu Beginn dieses Buches, gingen mir einige Gedanken durch den Kopf, betreffend unserer Lebensträume und wie ich ein Buch verfasse ohne meine bislang geschriebenen Reime und Gedichte.

Also eine Art Geschichte die ich schreibe oder hier erzähle. Mir gingen Gedanken durch den Kopf eine Story zu verfassen, in dem der Protagonist Charly heißen sollte, welcher gerade 12 Jahre alt ist.
Die Handlung sollte sein, dass er im Buchladen auf ein ganz besonderes Buch stoßen sollte, auf ein Buch das 100 Jahre alt ist also von 1920 und in diesem Buch, sollten Träume von verschiedenen Menschen niedergeschrieben stehen, welche er durch Zauberei und Magie durchlebt.
Durch andere Träume zu reisen, da er ein aufgeweckter und neugieriger „junger Mann" ist.

Diese Idee verwarf ich letztendlich aber dann, ich setzte auf autobiographische Züge an wie, Werdegang, Realität, Träume und

Ziele – alles was einmal geschehen ist und halte darin meine Träume fest.
 Zunächst damit begonnen, beendete ich dies auch wieder nach ca. 8 Seiten.
Denn meine Biographie ist ja in vielen meiner Texte mittlerweile bekannt und erzählt.

Also widme ich mich nun ganz anders diesem Buch der Lebensträume.
Ich beziehe euch, also dich – auch mit ein.
Dies wird nun auch dein Buch deiner Lebensträume. Vielleicht verfalle ich im Laufe - in die Philosophie, vielleicht verfall ich auch doch wieder in die Lyrik. Aber es wird eine Geschichte so oder so.
Unsere gemeinsame Geschichte.

Erinnerst du dich noch an deine Kindheit, all die tollen Momente, auch deine Träume?
Hast du sie vor Augen?
Kannst du sie fühlen?
Vielleicht waren sie auch niemals wirklich weg und du hast sie längst schon vor Augen und fühlst sie auch.

Es ist doch ein tolles Gefühl oder?
Träume zu besitzen, Träume in einem selbst
vorhanden. Niemand kann sie sehen,
niemand kann sie zerstören, weil niemand
um sie weiß.

Mein Leben und meine Träume hatten es in
der Kindheit etwas schwieriger, denn meine
Träume waren so groß, dass ich von ihnen
erzählte und es gab jene Menschen, die mir
diese Träume zerredet haben. Sie sagten zu
mir „Dies wird niemals Realität"!
Selbst wenn sie sogar realistisch erschienen
und durchaus umsetzbar waren.

Nun als Kind war ich nicht so weit zu sagen,
dass dies doch genau der Sinn und Zweck
der Träume ausmacht.
Nein, ich war traurig!
Ich war enttäuscht!
Jede Vorstellung und jede Hoffnung, diese
Träume wurden in diesen Momenten
zerstört. Einfach von einer Sekunde auf die
andere Sekunde zunichte gemacht!

All die Jahre über fand ich mich so also mit
der Realität ab. Doch was hat mir diese
gebracht!?

Entfernen von mir selbst!
Traurigkeit, Nachdenklichkeit, depressive Momente!
  So muss es aber nicht bei dir gewesen sein. Ist auch für mich nach heutiger Sicht, ganz gleich wie es mir damals ging, denn heute sehe ich die Dinge anders.
Heute als Erwachsener habe ich das Kind wieder in mir, genau wie bei dir auch.
Dieses Kind und diese Träume, sie leben in uns, diese Beiden haben ihren Platz in uns!

Nimm dir einmal ein paar Minuten, genau jetzt in diesem Moment. Erinnere dich an deinen vielleicht größten, wertvollsten und schönsten Traum den jemals hattest, vielleicht sind es sogar auch mehrere.
Fühl dich mal in diesen Traum oder in diese Träume hinein.
Ist es nicht ein wundervolles Gefühl und so großartig?

In solchen Momenten sage ich immer zu mir selbst; „Es ist doch egal ob Träume wahr werden oder ob sie nicht wahr werden, wichtig und wunderschön ist es, alleine dieses Gefühl zu besitzen".

Genau dieses Gefühl, wenn wir bei uns selbst sind, in unseren Gedanken – sowohl auch in unseren Träumen, so haben wir dort unser Glück!

Wie siehst du es etwa? Kannst du mir zustimmen oder denkst du anders oder sogar gerade jetzt darüber nach?
Nimmst du dir die Zeit, diese Frage mit deinem ganzen Gefühl zu beantworten?
Ich wünsche es dir.

Ein Traum, von so vielen unzähligen Träumen die wir haben, dies alle ablaufen sehen in unseren Gedanken, das Fühlen unserer Seele, was kann noch lebensnäher und lebensechter sein?
Spürbar unsere Träume, unser ICH, unsere Welt in uns.

Träume, sie entstehen unter all den Sternenbahnen des Lebens, so wie für das Universum die Sterne sind, so sind für uns in unserem ICH die wunderschönen Träume die da entstehen und wachsen und glänzen.
    Sie geben uns Hoffnung, Kraft, sie verleiten uns Mut und Willensstärke.

Auch ich habe Träume, nach wie vor sind da große und auch kleine Träume. Wenn auch die Realität etwas anders ausschaut, nichts kann diese Träume zerstören!

Es sind Gedanken, Bilder der Seele, Gefühle des Wohlempfindens, es sind unsere Träume, deine und meine – die dich und mich, uns alle am Leben halten!

In meinem Buch der Lebensträume sind schon einige Dinge verfasst und festgehalten.
Wie sieht es mit deinen aus?
Hast du dein Buch begonnen, wenn nicht dies ist unser gemeinsames, ich bin ein Begleiter, doch in dir und deiner Welt, dort wirst du deine Träume haben.

Fragst du dich auch manchmal wo entstehen unsere Träume?
Was für ein starkes und angenehmes Gefühl ist dies eigentlich?

Manchmal träume ich sogar am Tag!
Draußen in der Natur. Der Frühling und der Sommer, die schönste Zeit für mich, zum Tagträumen.

Welche Zeit ist deine?

Kannst du immer und jeder Zeit träumen? Wenn du dies noch gar nicht herausgefunden hast, dies ist eine Botschaft an dich, dann solltest du dir die Zeit nehmen um dies herauszufinden.

Ich stelle dir in dieser Erzählung oder Geschichte oder wie ich es so schön nenne im Buch der Lebensträume, gezielt immer wieder Fragen – mit der Absicht, dass du dich an dich erinnerst.

Erinnere dich an dein Lebensgefühl, dein ICH, deine Träume, dein Wohlempfinden.

Es ist ein unbeschreiblich schönes Gefühl, dass die Träume in einem selbst existieren. Sie können doch auch so manches Mal real erscheinen, können bei all der Realität und dem >Tatbestand – der Wirklichkeit< einen so in den Einklang mit sich selbst bringen.

Ich wünschte in diesem Moment, mit dir reden zu können, all deine Freude, dein Strahlen deiner Seele sehen zu können. Das ist doch genau das, was uns Menschen alle zeichnet.

- L E B E N S F R E U D E –

Ich weiß nicht wie nah meine Worte, was ich verfasse – zu dir durchdringt.
Ich wünsche mir auf jeden Fall sehr, dass sie es tun, um dich an deinen Platz deiner Träume zu begleiten, zu deinem Buch deiner Lebensträume.

Ja weiß ich auch, bei allem schönen Gerede und diesen Zeilen, da gibt es Tage an denen scheinen die Träume fern zu sein.
Weil zu viele Gedanken, zu viel Realität das Wohlempfinden blockiert und gar eine wie eine Barriere errichtet.
Es geht genau darum, diese zu umgehen oder auch zu durchbrechen.

Es werden immer Menschen kommen oder Umstände oder Hindernisse, oder, oder, oder… die versuchen uns unsere Träume zu nehmen, sie zu zerstören.
  Doch heute begreife ich, auch wenn Menschen diese, zunichtemachen wollen, wie schon bereits gesagt und erkannt;

DIE TRÄUME IN UNS, SIE SIND IN UNS!
IN UNSERER WELT! IN DEINER UND IN MEINER
WELT!
DORT KANN SIE NICHTS UND NIEMAND
ZERSTÖREN!
DENN WAS IN UNS ENTSTEHT, WAS WIR AUF
DIESE WEISE IM LEBEN SCHAFFEN – KÖNNEN
AUCH NUR WIR WIEDER BEENDEN!

Träume sind Visionen, es sind Gedanken. Existierend in uns selbst. Wir haben so eine hohe Vorstellungskraft in uns, aus manchen Träumen haben Menschen auch so, eine Wirklichkeit in der Realität geschaffen. Man darf die eigenen Träume niemals aufgeben, denn Träume die man verwirft, die man sterben lässt – so lässt man auch immer Teile von sich selbst sterben!
Nur die kleinsten Träume, reißen immer ein Stück von uns mit!
  Träume haben aber auch immer zwei Seiten, so wie alles im Leben.
Es gibt die Positive und die Negative, schwarz und weiß.

Meine These, meine Einschätzung ist, dass wir alle den Teufel und den Gott in uns haben. Gott, der die Träume schöpft, die wir entdecken. Der Teufel, der immer mehr will, der aus dem Guten seinen Profit schlagen will!
  Wie sehr wir uns unsere Träume auch wünschen, wir dürfen unsere Grenzen nicht überschreiten.

Beispiele für die Grenzüberschreitungen sind Politiker, korrupte wirtschaftsgeile Fanatiker! Banken, Kriegsherren...

Aus allem eine Münze pressen und wenn es nur eine ist!
Das nächste Mal dann mehr und immer mehr...
So setzt sich leider dieser Kreislauf immer fort!

Ich könnte dieses Buch ewig hinwegschreiben, es wird niemals enden. Genau so wenig wie meine Suche des Lebens, die Suche nach mir selbst. Die Suche des Dichters und des Denkers. So verfasse ich all diese Schriften in mein Buch der Lebensträume.

Ich bin im Sternzeichen des Fisches geboren. Nie glaubte ich an Horoskope und die Astrologie, in keiner Weise. Nun ist es nicht so, dass ich daran glaube, aber heute denke ich anders über diese Dinge nach.
Ein Fisch im Meer, der Ozean, die endlose Weite, Geheimnisse tief verborgen unten am Meeresgrund.

Vielleicht sind meine Träume und meine Welt in mir dem Sternzeichen bestimmt!?
Vielleicht auch mein Name Christian!
Aber wer weiß das schon?

Hast du auch solche Gedanken über dich und dein Leben und dein Sternzeichen?
Beschäftigen dich auch solche Fragen?
Denke mal darüber nach, schreibe dir etwas auf.
Ich wäre echt gespannt auf welche Thesen und Gedanken du stoßen würdest.

Lebensträume

Die Zeit sie ist endlich
Also verschwend' nichts
Nichts von deiner Zeit
Nichts von deinem Leben,
ist so kostbar wie du selbst letztendlich

Neue Träume blühen auf
Unter dem Himmel – im Sternverlauf
Träume tragen dich horizontweit
Sie sind dir, für all deine Zeit

Lass die Hoffnung
Immer wieder erneut brennen
Den Funken im Herzen überspringen
Neue Träume, neues Leben
Das Neuerwachen, was kann es Schöneres
denn geben?

Es ist mein Weg, es ist dein Weg
Mein Traum, dein Traum
Meine Fantasie, deine Fantasie
Die ich leb, die du lebst

Wie schon zu Beginn des Buches vermutet, rutsche in die Lyrik rein. Aber über Träume lässt sich ja so wunderbar philosophieren und auch dichten.

Unsere Träume laden uns immer wieder auf neue Reisen ein. Entdeckungen und manchmal auch, rufen sie uns lang vergessenes wieder in Erinnerung.
 Träume der Kindheit, Träume unserer Seele. Alles was in uns verborgen liegt oder einfach nur bedeckt ist.

An manchen Tagen muss man einfach das Kind mal wieder rauslassen, vielleicht kennst du das Gefühl auch, oder sagst es sogar zu dir selbst.
Auch dies sind wichtige Gefühle die wir haben und die uns erreichen, denn auch dort können unter Umständen Lebensträume verborgen sein, nämlich jene aus unserer Kindheit.

Stellen wir uns einmal vor, unsere Träume könnten wir an Bäume hängen. Oder wir könnten unsere Träume im Wald abstellen oder auf Parkplätzen parken.

Würden wir uns mehr um unsere Umwelt bemühen? Um die Natur und um die Mitmenschen, denn Träume, sie sind wertvoll und etwas wunderbares. Da wo unsere Träume „abgestellt" wären, würden wir doch sicher um den Wohlerhalt des Platzes besorgt sein.

Manche Menschen begraben ja ihre Träume, nachdem, sie sie auf Papier geschrieben oder gemalt haben. Andere wiederum lassen sich ihre Träume sogar auf die Haut malen durch Tattoos.

Es gibt so viele Möglichkeiten, wo wir unsere Träume aufbewahren können und es auch tun.

Doch sicher scheinen sie nur in uns selbst zu sein, denn in uns ist der Ort, wo sie verborgen bleiben. Wo niemand anderes nur eine kleine Ahnung von ihnen jemals haben wird.

Was natürlich auch um unsere Träume
herum kreist, sind auch Gedanken.
Gedanken, Vorstellungen und Bilder.
  Bilder ganz verschiedener Situationen.
Ängste, Zweifel, Sorgen, Kummer, Leid und
Trauer. Aber auch Bilder von Mut,
Hoffnung, Zuversicht, Glaube, Liebe,
Tatendrang und Ziele.

All diese Bilder und fühlbaren Impulse,
beeinflussen auch unsere Träume oder
zumindest haben sie die Fähigkeit, sie zu
beeinflussen.
  Ich denke an meine Zeit zurück.
Träume aus meiner Kindheit, geradezu ein
ganz spezieller Traum den ich vor Augen
habe. Ein Traum, der als Erwachsener zur
Tat umgesetzt werden sollte. Welcher aber
zerredet wurde und jede Hoffnung verlor,
die ich in diesen Traum gesetzt habe.
Enttäuschung, Traurigkeit und vor allem ein
Gefühl was mich dabei mehr noch begleitet
hat, war dasjenige – welches mir signalisiert
hat, es ist nichts wert!

Dazu kommen wir zur Wertschätzung!
Die Wertschätzung ist ein wesentlicher Bestandteil von uns allen.
Es gibt unserer Persönlichkeit in jeglicher Ausrichtung die Form. Die Form, wer wir sind und was wir tun!

Erinnerst du dich an Träume oder an einen ganz bestimmten Traum, der dir so wichtig war – dass es schmerzte, als man dir diesen zerredet hat?
Vielleicht kannst du dich erinnern, halte wenn du musst kurz inne.
Es ist völlig okay, dich auf diesen Moment, auf deine Gefühle, auf deinen Traum einzulassen – denn er ist ein Teil deines Lebens!
Egal ob du jetzt traurig bist, oder ob du vielleicht sogar schmunzeln musst, oder ob du Leere spürst. Wichtig ist mir, dass du diesen Moment, diesen Traum vor Augen hast und ihn zu dir rufst.
Ich bin mir sicher er existiert noch!
Genau so wie der meine, den ich dahabe.

Ist es nicht schön, auch wenn so viel Zeit verging und manche Jahre zurückliegen,

dass der Traum oder die Träume noch
immer da sind?
Wie ein Parkplatz, wie an einem Ast
hängend, an deinem Baum.
   Genieße und fühle den Moment, du
bemerkst und dir wird klar, Träume kann
man dir nicht nehmen, sondern nur zerreden!

Aber wichtig ist deine Stimme, sind deine
Worte, die zu diesem Traum sprechen!
   Wenn andere es auch für absurd halten, als
zu hoch gegriffen oder dich für bescheuert
halten, vergesse niemals, es ist deine Welt in
dir und nicht die der anderen.

Was du in deiner Welt schaffst und was dort
existiert, ist vorhanden. Wenn es auch für
andere nichtsehbar oder unvorstellbar
scheint.

Wir lernen, wir lernen im Alter und immer,
immer wieder neu dazu.
   Heute sehe ich Dinge von damals aus einem
ganz anderen Blickwinkel.
Andere können mir sagen, ich sehe
„blauäugig" zurück, andere wiederum

können sagen, ich sehe sehr positiv und mit Mut auf Dinge zurück.

Doch auch hier ist es nicht relevant, wie die anderen es wahrnehmen oder was sie mir sagen, wie sie es einschätzen.

Auch hier in diesem Moment, ist es wichtig, auf die eigene Stimme zu hören und das Bild allein und selbst zu betrachten.

Wir können auch entscheiden, wenn Träume nicht zur Wirklichkeit werden, ob diese Träume noch weitere Träume schöpfen. Da wende ich mich kurz an die Realität, wenn ein Weg endet, so beginnt ein neuer.

Wenn sich eine Tür schließt, so öffnet sich eine andere!

Worauf ich hinaus will ist, egal was unsere Träume sind, was sie bewirken – ob sie machbar sind oder nicht, auch verworfene, die man selbst beendet, können wieder neue schöpfen oder sogar halt vorhandene noch erweitern.

Träume sind letztendlich Gedanken, Bilder, Szenen, die uns auszeichnen, uns am Leben halten. Darum darf man oder sollte man um keinen Preis, seine Träume jemals aufgeben oder sie selbst zunichte machen!

Um nun zum Schluss meiner kleinen Erzählung oder Philosophie zu kommen, oder wie man dies auch bezeichnen mag.

Nehmt euch die Zeit, die Zeit für euch selbst. Hört immer in euch hinein und lasst eure Träume entstehen. Träume sind unsere Hoffnung, sie machen unser Leben aus.

An diesem Punkt, wünsche ich euch eine gute Zeit, angenehme und schöne Träume. Genießt euer Leben, in jedem Moment, in jeder Sekunde.

Herzliche Grüße und bis zur nächsten Reise

Christian Hofmann

Epilog

Nun, da ich am Ende meiner Erzählung angelangt bin und ich doch sehr wenig Gedichtformat verwendet habe, möchte ich noch kurz die ein- oder anderen Gedichte mit auf den Weg geben.

Es hat mich sehr gefreut, wenn du das Buch gelesen hast und es dich vielleicht wieder auf eine neue Reise deiner Träume begleiten kann oder vielleicht sogar Träume wiedererweckt hat.

Mein Traum ist es, durch mein Schreiben, diese Schriftstellerei, die Menschen zu erreichen, die genau wie ich, einfach hin und wieder mal an ihre Träume erinnert werden sollen.

Die Sprache, das Texten, es hat mich nicht umsonst erlangt. Denn was ich durch dieses Mittel erreichen kann und somit auch euch erreichen kann, stelle ich für mich fest – Mein Traum ist im Prinzip wahr, sowohl in meinem Kopf, als auch hier im Buch auf diesem Papier.

Ganz gleich was ihr für Träume habt, gebt sie niemals auf und haltet an ihnen fest.

Ich wollte immer durch das Schreiben meiner Texte etwas zurückgeben, dies tue ich Zeile für Zeile. Für euch, manchmal auch gegen andere!

Aber das Entscheidende was ich immer dabei fühle, ich kann euch nur sagen, genießt das Glück des Augenblicks!

Das wahre Glück so merke ich auch immer wieder, ist nicht zu wissen, dass es meine Bücher gibt, dass diese gedruckt werden und sie euch erreichen, sondern Glück ist für mich in diesem Moment, diese Zeilen schreiben zu können.

So ist es auch mit den Bühnenauftritten, es ist egal ob ich Fehler mache, ob ich nicht perfekt bin, ob ich mich verspreche oder mal ein fehlerhaftes Buch veröffentliche – es ist der Moment des wahren Glückes. Dies zu Empfinden, darüber bin ich sehr, sehr dankbar!

Das war das Buch der Lebensträume,
geschrieben von Christian Hofmann im Jahr
2020

Traumwelt

Leichtigkeit und
Freiheitsempfinden
In Träumen da,
so können Sorgen schwinden

Lebe dein Gefühl
Von innen nach außen
Das Leben in dir,
es ist auch da draußen

Wo deine Träume und die Welt,
sich vereinen
Dies ist die Bedeutung der Traumwelt
Lass das Glück aus dir scheinen

Sei bewusst der Umwelt
Der Natur und deinem Leben
Der Geist und die Gedanken
Sind deiner Träume, feste Streben

Dein Atlantis

Unter deinem Gestern
Ganz tief in dir verborgen
Weit unter deinem „vor vielen Jahren"
Erwacht immer, ein neuer Morgen

Alles in dir
Es wird auf ewig aufbewahrt
Es ist dein Atlantis
Deine selige Entdeckungsfahrt

Geh auf Tauchgang
Sieh tief in dich hinein
Grabe aus was so tief verborgen liegt
Bewege Ast und Trümmerstein

Es ist dein Atlantis
Tief in deinem Innern, unten auf dem Grund
Bewacht und behütet
Von deinem Wächtergott, seit erster Stund'

Da ist kein Gold, wie die Diebe es sehen
Da ist Gold, aus deinem Herzen-Platz
Wertvoller als jemals etwas werden kann
Das ist dein kostbarster Schatz

Abendlicht Und Mondenschein

An manchen Tagen da –
Platzen die Träume aus mir heraus
Dann mache ich „gib ihm"
Ich schreibe sie, dabei hält mich keiner auf

Träume lassen mich spüren,
dass ich am Leben bin
Mir ist auch egal, was sie denken und sagen
Auch wenn die meinen ich spinn'

Ich schreibe und spüre,
ja ich bin frei
vielleicht verstehst du,
fühlst du – ich bin auch dabei

Was kann man mehr, als am Leben sein?
Mehr als nur mehr geht, weißt du was ich
mein?

Mir scheint die Sonne nicht nur auf den Kopf
Sondern sie scheint mir aus dem Herzen
Abendlicht und Mondenschein
In mir drin, brennen mehr als 1000 Kerzen

1986 - 2 Sterne - Feder

Die Erinnerung, die Kindheit
Sie steckt fest im Schuh
Man wischt sie nicht weg
Egal was man auch versucht zu tun

Ein Schatten der mich bedeckt
Ich laufe los, doch komme nicht vom Fleck

Wunden brennen – lichterloh
Ich suche mein Walhalla, doch finde es
nirgendwo

Der Stolz in mir – unbeugsam, bin
unbequem
Mein Weg war hart, doch ich würde ihn,
nochmal so gehen

Meine Kindheit, geprägt von Angst und
Feigheit
1000-mal den Kopf hingehalten, der Stolz –
unbesiegt, die Schmerzen entfalten

Gezeichnete Seele – Wundenbrand
Zeichen meiner Wege
Gigantischer Kampf, magische Hand
Am Schreiben, Tränenfeuer, Buch an der
Wand

Der Weg von damals
Bis zu dem was nun ist
Er ist immer noch derselbe, nur dass der
Christian, er selbst geworden ist!

Eigene Sicht, mein Ding
Auch beschissene Fehler
Alles ein Teil von mir auf ewig
1986 – 2 Sterne und die Feder

Mein Wunsch von der Bühne
Er wurde mein Lebenstraum
Halb erfüllt und halb im Schlaf
Ich habe angefangen, ihn aufzubaun'

Ode Kindheitsträume

Es bleibt immer vertraut
Die Luft von Zuhaus'
Der Duft von Omas Kaffee
Verteilt sich im Treppenhaus

Bilder aus Kindertagen
Brettspiele, Würfel und Karten
Tischfußball und Bravo Sport gelesen
Bundesliga-Sammelalben, alles mal gewesen

Im Sommer wie auch im Winter
Bei Manuel im Garten gebolzt
Viel zu schnell verging die Zeit
Erwachsen werden, keiner hat es gewollt

Kniffel, Stadt – Land -Fluss
Mensch ärgere dich nicht, Tipp Kick,
Uno, Dame und Mühle
FIFA an der Playsi, schöne Zeit –
Ich vergesse ich dich nicht!
Kicker-Tabelle, so gesteckt wie man es
wollte
Ohne die Bayern!
Schön der Anblick, wie er sein sollte!

Borussia Dortmund – BVB
Eintracht Frankfurt – SGE
Kindheit, Fußballer-Tage
Tränen und Freude, nah beieinander
angelegt

Kreuzworträtsel
Die Noten so ~ naja ~
Schulwechsel
Leben dann ~ so lala ~

Konfirmation
Mit dem Leben auf Konfrontation
Schule, Lehre –
Das Leben lernen

Von der CNC-Kiste
Über die Personaldienstleistung
Auf die,
Buchverkaufsliste

Meine Etappen
Mein ganzer Werdegang
2020 – nun eigene Familie
An dieser Stelle, vielen Dank!!!

Christian Hofmann, geboren am 5.3.1986 in Biedenkopf bei Marburg, schreibt seit dem Jahr 2006 Texte aus dem und über das Leben.

Mit dem Buch der Lebensträume, hat Christian Hofmann eine Erzählung verfasst und bei dieser das Publikum, die Lesenden mit einbezogen.

Dies ist das erste Buch welches in einer Geschichtsform verfasst wurde, aufgeteilt wo später noch lyrische Texte verfasst wurden. Es ist also eine Kombination aus Lebensgeschichte und Lyrik, die das Werk somit abrundet.

Die bisherigen verfassten Werke, der Entgegen der Zeit-Reihe

Aus allen Lebenslagen
Zeitarbeit – Moderne Sklaverei
Sonderband Eins
Entgegen der Zeit
LIVE AUS'M LEBEN
Anthologie des Lebens Band 1
Sonderband 2
Anthologie des Lebens Band 2 (Sommer 2020)
Sonderband 3 (Sommer 2020)
Anthologie des Lebens Band 3 (Sommer 2020)

Geplante weitere Werke sind Kindertexte
Vertonungen der Texte in musikalischer
Form/Sprachgesang   .

In digitaler Form sind Werke von Christian Hofmann auf folgenden Netzwerken zu sehen:

Youtube: Christian Hofmann Entgegen der Zeit
Youtube: Marburger Abend
Facebook: Christian Hofmann
Facebook-Seite: Entgegen der Zeit

Bonusmaterial aus dem Sammelwerk

Wunsch Und Traum
Wahnsinn Und Prämisse
Unsere Welt
Die Welt So Wahr
Zwischen Schwermut Und Leichtigkeit

Tagesthemen
Nimmermorgen
Was Ist Los?
Summa Summarum
Tränenwälder

Wunsch Und Traum

Es läuft nicht immer alles nach,
Wunsch oder Traum
Manchmal muss man erwachen um wieder,
nach vorne zu schauen

Neues Licht am Horizont
Neue Türen die geöffnet sind
Ich war ohne Glauben
Viel zu dumm und lange blind

All der Kummer und all der Dreck
Ich mache mich endlich frei
Ich kann es fühlen –
Es scheint als wäre der Mist vorbei

Neue Gedanken
Scheinen hell im Glanz
Du kannst alles ändern
Alles was du ändern kannst

Wahnsinn Und Prämisse

Manchmal im Leben, überschlagen sich die
Ereignisse, verloren geglaubtes, ist wieder
aufgetaucht –
Welch ein Wahnsinn und auch Prämisse

Alles geplant, doch erfolgreich gescheitert
Zum Anfang geblickt, munter geht's weiter
Verrückt, verrückt – kontrolliert untergegangen
So ist des Lebens unterfangen
Zwischen sinnlos und der Sinn ist los
Zwischen zweifelsfrei und die Zweifel sind frei
Kleine aber feine Unterschiede –
Lass etwas beginnen oder es geht vorbei

Wer kreiert die Schönheit?
Des Betrachters guten Blick
Des Bildes Objektivität,
mit dem ganz großen Geschick

Wahnsinn und Prämisse
Auch die Wahrheit trägt Falten und Risse
Zu oft der Missbrauch durch Intrigen
Schuld daran oftmals „faule" Kompromisse

Unsere Welt

Unsere Welt, dieser Planet
Zwischen Feuersturm und Engelsgold
Das Gute schläft und das Böse rollt
Doch alle schreien, es hat niemand gewollt!
Scharfer Befall vom Kriegsgesicht
All der Verderb, wo ist das Schiedsgericht?
Falscher Glaube, hirnlose Armeen
Es wird misshandelt, bis der Mensch zerbricht

Es sind Parolen
Der Dummen und der Hohlen
Es sind deren Parolen
Für die Dummen und die Hohlen!
Blind zum Aufmarsch
Es lachen die Drahtzieher
Aus den Reihen von ganz oben
Über die Dummen und die Idioten

Unsere Welt, dieser Planet, wir sind die
Menschheit, die mit ihm zugrunde geht!
Unsere Welt, wird im Krieg getränkt
Parolen folgen, weil hier keiner an sein Leben
denkt!

Die Welt So Wahr

Warum nimm ich die Welt so wahr, wie ich sie
wahrnehme, warum gehe ich Wege die ich gehe
Die ich eigentlich gar nicht gehen will!?

Warum spüre ich die Zeit, meist als
Zeitvergeudung, mache ich doch oft, was man
von mir verlangt, von damals bis heut' und!?

Was bringen mir meine Gedanken und die
Vernunft, wenn ich Gefangener bin in ihrem
System, so wie ich denke, so wie ich fühle –
Nein! Die Meisten können mich nicht verstehen!

Warum laufen Dinge so verschandelt, Elend,
Krieg und Leid, was ist da draußen bitte
menschlich? Was ist dies für eine Zeit?

Die Jungen sind noch zu jung, naiv und haben
keinen Plan! Für die „Alten" und die
Depressiven, ist der Zug schon abgefahren
Ein wirklich buntes Treiben, gesellschaftliches
Durcheinander, dass alles funktioniert in diesem
großen Anti-Miteinander!?

Zwischen Schwermut Und Leichtigkeit

Mein ganzer Weg von dort bis hier
Zwischen Schwermut und Leichtigkeit
Alles war ein Teil meiner Straße
Ich ging durchs Dunkel und die Helligkeit

Mancher Schritt war schwer
Bei manchen waren meine Beine müd
Bei so manchem Ritt war ich leer
Trauer stand mir tief im Gemüt

War ich immer auf einem Weg
Oder irrte ich auch mal umher
Ich nahm vieles für mich mit, doch von vielem
weiß ich heute nichts mehr
Mal war ich allein
Mal war jemand an meiner Seite da
Alles was heute verschwommen ist
War damals durchschaubar und klar

Ich weiß, bis heute ist viel passiert, nichts von all
dem wird je ungeschehen, manche Wege hatten
eine Kreuzung mehr, manche sehe ich
überhaupt nicht mehr!

Tagesthemen

Wir werden hier geblendet, verstrahlt
Zwischen Tagesthemen und Tittenschau
Glaube nicht zu viel aus dem Sendekasten
Er macht alles andere als schlau

So folgt der nächste Punkt
In der ganzen Tagesordnung
Peilsender, Satellit –
Falsche Dosis, Human-Paranoid

Wir sind Reisende der Zeit –
Durch dieses Leben Jahre weit
Alles kommt, alles geht, Wind der weht
Was bleibt zum Erhalt der Ewigkeit?

Dokumentiert und archiviert
Aufbewahrt in der Bibliothek des Lebens
Was bleibt am Ende übrig?
Einer vieler Fragen, denn sie sind vergebens

Nimmermorgen

Viele Träume
Viele geplatzt
Ausgereizt und Scheiße gebaut
Doch egal, es sind für neue Platz!

Die Vernunft
In meinem Verstand
Sie lädt mich herzlich zu sich ein
Es wird weich, mein Herz aus Stein

Der Geist ist frei
Er war benebelt
Lag in Ketten, habe mir keinen Trost gespendet
Ouh mein Leben! So lieblos verschwendet

Mit neuer Kraft
Blick der Zuversicht
Die Liebe hat mein hartes Herz erreicht
Und ich weiß, dass sie so vieles heilt!

Der Weg allein
Macht müd' und kostet Kraft
Ja, ich bin im Leben neu erwacht
Feuer brennen, sind sie erst einmal entfacht

Kalt das Herz
Ruhig die Kehl'
Dachte ich sehe nur noch Nimmermorgen
Alles wird schlimmer und noch mehr Sorgen

Ich stellte mich mir selbst
Weil du nicht vor dir wegrennst
Alles zerkaut, habe mich zerlegt, mir vergeben
Das ist die Chance, für ein neues Leben!

Was Ist Los?

An manchen Tagen
Da brennen vor Sehnsucht meine Augen
Auf der Suche nach dem Guten
Mit starkem Willen und meinem Glauben

Ich wandle los
Ich ziehe durch die Straßen
Durchkreuze manche Wege
Doch scheinen sie wie verlassene Pfade

Täglich unter 1000 Seelen
Aber letztlich doch allein
Alle haben Münder
Doch sie stellen alle das Sprechen ein!

Was ist los mit dieser Welt?
Fleißig wird geklickt was uns gefällt
Die Menschen im Online-Modus
Still und einsam ist dieser Turnus

Herz und Seele haben dicht gemacht
Alle haben Wunden – Gute Nacht!
Ein neuer Morgen und die Sonne scheint
Ich wünsche jedem, dass ihr euch befreit

Summa Summarum

Miete und Strom, GEZ – Internet-Flat
Black Friday, nimm 3 zahl' 2, Extrapunkt,
Payback! Gewinn und Verlust, daraus besteht
dein Leben – Sei dir dessen bewusst!

Du weißt, dass alles zu bezahlen ist
Nix gibt's gratis, was vorher schon berechnet ist!
Arbeit erbracht – Lohngehalt
Bist am Abend geschafft – Lebensunterhalt

Man malocht wie ein Blöder
Die Gesundheit sie leidet
Weil niemand mehr drauf achtet
Nur auf das, was man hier leistet!

Sparen ist nicht mehr machbar
Vielleicht hast du Glück und'n guten Nachbar
Summa summarum
Am Ende des Lebens, da ist die Zeit um!

Tränenwälder

Auf dem Weg den ich ging
Habe ich Scherben hinterlassen
Viele kleine Splitter
Neuen Mut musste ich fassen

Habe mich selbst gewissermaßen,
durch meine Hölle geschickt!
Doch beim Betrachten im Spiegel,
da habe ich mich selbst geblickt

Der eigene Niedergang, vor meinem Neuanfang
Das Wandeln durch die Tränenwälder
Mit breitem Fuß, ab über die Minenfelder!
Nix gecheckt, komplett verpeilt, immer
entgegen dem Wind geeilt!

Jahre vergingen, Narben verblassen
Die letzte Wunde sie ist ausgeheilt

Es war kein leichter Weg, von ihm kein einziger
Schritt war leicht – doch ich fand zu mir zurück
Ich habe mein Ziel erreicht!

Vielen Dank für die Zusammenarbeit der Titelabbildungen an:

Maria „Mary Jane" Menke
Alex Kehe
Heidi Barbara Guhl

© 2020
Herstellung und Verlag: BoD – Books on Demand, Norderstedt
ISBN: 978-3-7519-3621-7